◆印は不明確な年号、ころの意味です。

文化	世界の動き	西暦
1754 山脇東洋、京都で死体解剖		1750
1757 賀茂真淵、松坂で本居宣長と会う		
1760◆鈴木春信、錦絵をはじめる		
1768 上田秋成『雨月物語』		
1774 杉田玄白『解体新書』		
1778 与謝蕪村『夜半楽』	ペスタロッチ『隠者の夕暮れ』	
1785 林子平『三国通覧図説』	1789 フランス革命	
	1791 モーツァルト『魔笛』	
1790 寛政異学の禁		
1792 林子平『海国兵談』の刊行により処罰をうける	1796 ジェンナー、種痘法の発見	
1802 十返舎一九『東海道中膝栗毛』	1804 ベートーベン『英雄』	1800
1804 喜多川歌麿、50日の処罰をうける		
	1814 ウィーン会議	
1814 滝沢馬琴『南総里見八犬伝』	1819 イギリス=シンガポールを領有	
1819 小林一茶『おらが春』		
1824 葛飾北斎『冨嶽三十六景』		
1827 頼山陽『日本外史』を、松平定信におくる	1830 フランス=7月革命	
佐藤信淵『経済要録』		
1833 安藤広重『東海道五十三次』		
1837 渡辺崋山『鷹見泉石像』	1840 リビングストン、アフリカへ出発 清=アヘン戦争 (—1842)	
1838 緒方洪庵、大坂に適塾を開く		
1841 水戸藩、弘道館開校		
		1850

目　次

小林一茶	文・吉田　健 絵・鮎川　万	……………… 6
間宮林蔵	文・吉田　健 絵・岩本暁顕	……………… 20
二宮尊徳	文・吉田　健 絵・木村正志	……………… 34
林子平	文 有吉忠行　絵 足立一夫	………… 48
喜多川歌麿	文 有吉忠行　絵 足立一夫	………… 50
松平定信	文 有吉忠行　絵 足立一夫	………… 52
十返舎一九	文 有吉忠行　絵 足立一夫	………… 54
佐藤信淵	文 有吉忠行　絵 足立一夫	………… 56
頼山陽	文 有吉忠行　絵 足立一夫	………… 58
大塩平八郎	文 有吉忠行　絵 足立一夫	………… 60
読書の手びき	文 子ども文化研究所	…………… 62

せかい伝記図書館 29

小林一茶
間宮林蔵
二宮尊徳

いづみ書房

小林一茶
（1763—1827）

農家に生まれ、子ども、動物、自然を愛して素朴な歌をよみつづけた、江戸時代の俳人。

● 雪深いふるさと

　俳句は、世界でもっとも短い形の詩といわれ、四季の風物をよみこむ日本独特のものです。日本人なら、たいていの人が、１句や２句は作ったことがあるはずです。
　この世界で、３大俳人といわれるのが、松尾芭蕉、与謝蕪村、小林一茶です。いずれも江戸時代の人で、とくに、一茶の俳句は、子どもからおとなにまで親しまれています。それは、今もむかしも変わることのない人びとの暮らしや、子どもの心や、スズメ、カエルなどをよんだ句がおおく、身近な共感をよぶからでしょう。

　　やせがえるまけるな一茶これにあり
　　すずめの子そこのけそこのけお馬がとおる
　　名月をとってくれろとなく子かな

　一茶のこんな句には、童謡のようなおもしろさがあり

ます。
　小林一茶は、1763年5月5日、信濃国柏原（長野県上水内郡信濃町）に生まれました。飯綱、黒姫、妙高の山やまにかこまれ、近くには野尻湖があります。けしきの美しい柏原は、北国街道の旅人のための宿屋が集まっている宿場のひとつで、旅人や商人、それに越後（新潟県）から魚や塩を運んできた馬などで、たいへんなにぎわいです。
　しかし、冬になって、雪がふり始めると、村の家いえは深い雪の下にうずもれ、人や馬の往来もまったくとだえてしまいます。人びとは、ひたすら春のくるのを待っ

て、長い冬をひっそりと、すごすばかりでした。

　一茶というのは、句を作るときの名前で、本名は信之です。父の弥五兵衛は農業のかたわら、馬で荷物を運ぶ仕事もしていました。

　3歳のとき、母が死んで、一茶は祖母の手で育てられました。祖母は一茶をかわいがってくれました。あまりかわいがられすぎたせいか、一茶には友だちができません。村の子どもたちは、一茶をみると、からかってはやしたてました。

「親のない子はどこでも知れる、つめをくわえてかどに立つ」

　一茶は、いつもひとりぼっちで、家のうら山の畑にかがみこんで1日をすごすことがおおかったのです。

　そのころのことを思い出して、一茶はこんな句をよんでいます。

　　われと来て遊べや親のないすずめ

● なじめなかった新しい母

　7歳のとき、新しい母がきました。でも一茶は、さつというその母になじむことができません。さつも、自分になつかない、いつもすねているような一茶をかわいがろうとはしませんでした。

　少年になった一茶は、父を助けて、草をかり、畑をたがやしました。馬を引いて荷物も運びます。夜は、月の光の下で、雪ぐつやわらじをつくります。一茶は、本を読んで勉強したいと思いましたが、そんなひまはありませんでした。

　弟の仙六が生まれると、一茶は弟のおもりもしました。小さい仙六は、背負われたまま、よだれをたらしたり、おしっこをするので、一茶のからだはかわく間もありません。こんなことも、一茶と新しい母との間が、なかのよいものであったら、かえってゆかいなことだったでしょう。しかし、仙六がむずかって泣くと、母は一茶

をしかりつけました。
「お前がなかしたんだね！」
「ちがうよ、ちがうよ」
「ちがうことがあるもんか、おかあさんをこまらせようと、わざとやったんだろう」

母は、かたわらにあったつえを取りあげて、一茶をたたきます。

こういうとき、いつも一茶をかばってくれるのは、祖母でした。
「この子は、よくおもりしているんじゃ。赤んぼはすぐ泣くもんじゃ」

しかし、その祖母も一茶が13歳のとき、死んでしまいました。一茶と母との間は、とげとげしくなるばかりです。父は、そのようすを心配していましたが、ある日、一茶をよんでいいました。
「江戸（東京）へ出てみる気はないか。しばらく、ふるさとをはなれて、広い江戸で新しい生活を切りひらいてみてはどうだ」

父は、一茶が母とはなれて暮らすようになれば、いつかなかよくなる日もくるのではないか、と思ったのです。
一茶も、いつまでも母と気まずく暮らしているよりも、江戸へ行こうと思いました。

●江戸での苦しい生活

　一茶が江戸へ旅立ったのは、14歳の春のことです。父は、江戸へ出かける人に、いっしょにつれて行ってくれるようにたのみました。父は、しばらく送ってきてくれましたが、別れるときがきました。
「食べものに気をつけてな。人には悪く思われないようにしなよ。そして、また元気な顔を見せておくれ」
　一茶は思わず、なみだがでそうになりました。でも、ここで泣いたら、いっしょに行ってくれる人に笑われる、父に弱い心をみせてはいけない、と後ろもふりむかずに

足早に去って行きました。

　江戸に出た一茶が、どこではたらいていたのか、どんな生活をしていたのか、はっきりしたことはわかっていません。そのころ、地方から江戸に出かせぎにきた人たちは、武士や町人の家の使用人、物売り、荷運び人足、かごかきなどをしてはたらいたので、一茶も、そうした仕事を次つぎと経験したことでしょう。

　一茶は言っています。

「巣のない鳥のようなものだった。他人の家ののき先にねたこともあった。苦しい月日だった」

　こうした生活を送っているうちに、一茶は俳句を作ることをおぼえました。その味わい、おもしろさを知れば知るほど、熱心に作るようになりました。俳句は、苦しい生活のなかでの心の支えとなりました。

　一茶が俳句を学ぶようになって、はじめてついた先生は二六庵竹阿という宗匠です。宗匠とは、和歌、俳句、茶道などを教える先生のことをいいます。竹阿先生は教えました。

「人のまねをしてもだめだ。自分の言葉で、自分の思ったままをよむ句を作りなさい」

　一茶も、そのとおりだと思って、たゆまず勉強にはげみました。一茶の作る句は、自分の目でしっかり見すえ

て、ありのままの感情をこめた、独自のものになっていきました。

　うきくさの花より低き通りかな
　涼風の曲りくねって来たりけり

一茶の住んでいたのは、江戸もはずれの、堀割に浮かんでいる水草よりも、低いところにある、貧しい下町です。そこでのひとりぐらしは、なにかさみしいものです。小さな家が建てこんでいるので、涼しい風もまっすぐには、はいってきません。これらの俳句から、江戸での一茶の暮らしぶりがうかがえるようです。

　子どもずきの一茶は、こんな句も作っています。

たこの糸引っとらまえて寝る子かな

　わんぱくやしばられながらよぶほたる

　寝てまでも、たこの糸をはなそうとしない子どものすがたや、いたずらをして木にしばりつけられても、そんなことをわすれてしまって、近くにとんできたほたるに夢中になっている子どもたちに、一茶はあたたかい目をそそぎました。

　一茶の句は、しだいに人びとに注目されるようになり、27歳のときには、溝口素丸という宗匠の執筆役に抜てきされました。執筆役とは、宗匠のいろいろな書きものを手伝うたいせつな役目です。やがて一茶は、亡くなった竹阿先生のあとをついで、宗匠になりました。

● **ナシをさがしに22キロの道を**

　1801年（享和1年）父が重い病気にかかったという知らせを受けて、一茶は、急いでふるさとへ帰りました。父は疫病にかかって、高い熱を出して苦しんでいます。
「回復するのぞみはない。どんな薬でももうきかないだろう」
　医者はもうみはなしています。それでも一茶は、よい薬があるときけば、どこまでももらいに行き、いっしょうけんめい看病しました。父の苦しんでいるのを見てい

るのは、一茶にとっては、自分が病気になったよりつらいことでした。

　父は、食事もあまりとらなくなっていましたが、ある日ふと、ナシを食べたいといいだしました。

　一茶は、近くの家という家をたずね歩きました。しかし、まだ、ナシの実がなるには早い季節です。どこをさがしてもありません。一茶は善光寺（長野市）まで行ったら、あるかもしれないと思いました。善光寺は、古くからの有名な寺のある、にぎやかな町です。柏原からは、山を越えておよそ22キロメートルもありますが、一茶はなんとしても、父にナシを食べさせたいと、朝早く起

きて家を出ました。

　善光寺についた一茶は、豆だらけの足をひきずりながら、町じゅうのやおやをたずね歩きました。でも、やはりナシはどこにもありません。一茶は気がぬけたように道のまんなかに立ちつくしました。このまま帰ったら、父がどんなにがっかりするだろう、そう思うと、一茶の目からは大つぶのなみだがこぼれ落ちました。なにも知らない町の人は、そんなところでないている一茶を見て、ふしぎそうな顔をして通りすぎて行きます。

　これほど、一茶が心をこめて、その回復をいのった父も、5月21日、ついに息をひきとりました。

　父ありてあけぼの見たし青田原

　青田原というのは、稲の青あおとのびた水田のことです。もういちど、元気になった父と肩をならべて、のぼってくる朝日を見たい、と思った一茶のねがいもむなしいものになりました。

● ふるさとの生活にはいったが……

　一茶は、江戸に帰って、ふたたび俳句の道にはげみました。しかし、宗匠とはいっても、大勢の人に句を教える大宗匠ではありませんから、たいした収入があるわけではありません。生活はあいかわらず貧しいものでした。

　一茶は50歳に近くなったとき、ふるさとをつくづくなつかしく思うようになりました。それに信州で生まれ育った一茶には、にぎやかではでな江戸の暮らしに、ついになじむことができませんでした。一茶は、柏原で落ち着いた生活にはいりたいと思いました。
　亡くなった父は、家や田畑を一茶にも半分分けるよう弟の仙六に言い残してくれていました。でも、母や仙六は、このことについては、あまりよい顔をしてくれません。そのため、一茶はなかなか村へ帰ることができませんでしたが、相談にのってくれた村の寺の住職のおかげで、一茶にも家や財産が分けられることになりました。

一茶は村に帰り、自分の家にくつろいで、ふるさとの空気を胸いっぱいにすいこみました。

　　ふしぎなり生まれた家できょうの月

　苦しかった長い年月のことをふり返ると、こうして自分の家で月をながめることができるのが、一茶には夢を見ているような気持ちでした。

　一茶は、きくというわかい妻をむかえました。きくははたらきものでしたので、楽しい家庭ができました。子どもも生まれましたが、1か月たらずで死んでしまい、一茶をがっかりさせました。でも、2年後に女の子が生まれたので大よろこびです。さとと名づけました。

　　はえ笑え二つになるぞけさからは

　ところが、この子も1年ほどで、ほうそうにかかって死んでしまいました。

　　秋風やむしりたがりし赤い花

　花を見ても、思い出すのは、さとのことばかりです。

　このあと、ふたりの子どもが生まれましたが、ふたりとも早く死に、一茶はついに子どもにめぐまれませんでした。人一倍、子どもずきの一茶にとって、それはさびしいことだったにちがいありません。そして、妻のきくも結婚10年目に亡くなりました。若いときと同じように、一茶はひとりぼっちになりました。

　そのうえ、村に大火がおこり、一茶の家も焼けてしまいました。残ったのは、土蔵ひとつきりです。
　一茶は、新しくむかえた妻といっしょに、土蔵のなかで暮らしましたが、1827年11月19日、中風（からだやうで、足などのまひする病気）がひどくなって亡くなりました。65歳でした。
　一茶は一生のうちで、2万以上もの句を作ったといわれています。たいへんな数です。
　それらの句が、時代をこえて、今の人たちにも語りかけてくるのは、一茶の素朴で純真な心が、句ににじみでているからでしょう。

間宮林蔵
まみやりんぞう

（1775ころ―1844）

樺太が、島であることをはじめて明らかにして、世界地図に間宮海峡の名を残した探検家。

●山のなかで一心にいのった夜

　樺太（今のサハリン）は、ひとつの島なのか、あるいは、シベリアと地つづきになっている、アジア大陸の一部なのか、長い間、世界の人びとは疑問に思っていました。それをはっきりさせるために、1787年にフランスのラ・ペルーズが、1797年にイギリスのブロートンが、さらに、1805年にはロシアのクルーゼンシュテルンが、それぞれ軍艦に乗って、カラフトの探検にやってきました。
　ところが、海峡の近くまでやってきながら、実際にその地点を測量してみることはせず、望遠鏡でながめただけで「樺太とシベリアとは、つながっているようだ」と結論をだしてしまいました。そのため、当時のヨーロッパの人たちは、樺太はアジア大陸の一部であると信じていました。

　しかし、間宮林蔵は、1809年、シベリアに向かいあっている樺太の西海岸を、測量しながら歩き、樺太がひとつの島であることを、はじめてはっきりと確かめました。
　おおくの日本人は、北海道ですら、蝦夷といって、異人種の住むよその国のように思っていた時代です。樺太探検は、苦しみと危険にみちた旅でした。しかし林蔵は、それをなしとげ、その功績をたたえられて、世界地図の上に「間宮海峡」の名を今に残しています。
　林蔵は、1775年ころ、常陸国（茨城県）筑波郡上平柳（今のつくばみらい市）に生まれました。父の庄兵衛は、農業をするかたわら、桶のたがを作っていました。

小さいときから、かしこかった林蔵は、人びとからみとめられるような、りっぱな仕事をする人間になりたいというこころざしを、いつもいだいていました。
　12歳のときです。村の人たちといっしょに筑波山へ行きました。そこには「立身岩」という、約9メートルほどの大きな岩が立っていて、ここで、人に知られないように熱心においのりをすれば、社会にでて、りっぱに身を立てることができるといわれていました。ふもとの宿屋についた林蔵は、夜中にひとりでぬけだしました。だれもいない、さびしい山の中を通り、立身岩にきました。そして、てのひらに油をたらし、そこに燈しんをおいて火をつけ、林蔵は朝まで一心にいのりました。
　宿屋では、林蔵のいなくなったのを知って、大さわぎになりました。ところが、てんぐにさらわれたのではないか、道にまよったのではないか、と心配していると、林蔵がひょっこりもどってきました。見れば、てのひらはまっ黒にすすけて、やけどをしています。
「どこへ行っていたんだ」
　村人たちはしかりつけました。
「立身岩でおいのりをしていたんだよ」
　林蔵の、何ごともなかったような顔に、村人たちはあきれてしまいました。

●エトロフ島でロシア人と戦う

　15歳のころ江戸（東京）に出た林蔵は、地理学者で測量術にすぐれていた村上島之允に学ぶことになりました。島之允は、1日約120キロメートル歩くほどの「足早」といわれた人です。林蔵は、日本各地を島之允について歩いて、測量や地図の作成を手伝いながら、足をきたえました。

　そのころ、ロシアはしきりに日本に通商を開くことを求めていました。当時の日本は、鎖国をしていて、長崎の港にだけ、オランダと中国の船がくるのをみとめてい

たのです。

　1804年9月、ロシア船ナデジュダ（希望）号が、使節のレザノフを乗せて、はるばる長崎にやってきました。しかし、幕府は、国のきまりで通商はできないと、はねつけました。怒ったレザノフは、このうえは、軍隊の力をもって、日本を開国させるようにしむけなければだめだと考え、部下の海軍大尉フォストフたちに、樺太や千島にいる日本人たちをしゅうげきするよう命じました。

　これより前、日本でも、ロシアに対して北の守りをかためないといけない、という声が強くなり、幕府は、蝦夷や千島に調査団を派遣しました。その調査団のひとりであった村上島之允は、1799年、林蔵を蝦夷につれて行きました。

　次の年、林蔵は、箱館（函館）で伊能忠敬と会いました。伊能忠敬は、そのとき、蝦夷地の測量にきていたのです。林蔵は、測量のしかたや、地図のつくりかたで、忠敬からいろいろなことを教えられました。

　1806年には、林蔵は千島列島のエトロフ島にわたり、ここで測量や調査の仕事をしていました。林蔵がいたのは、エトロフ島の中心地ルヤナで、幕府の役所があり、200人の日本人たちが守っていました。ところが、この年からフォストフの日本人しゅうげきが始まりました。

　ロシア人たちが、樺太やエトロフ島の日本人の番屋を焼きはらって、ルヤナに上陸してきたのは、1807年の４月です。日本人のほうが、数としてはおおかったのですが、ロシア人たちは、新式の大砲や小銃をそろえています。わずかな銃のほかは、竹槍をもつばかりの日本人には、どうすることもできません。それでも、林蔵は勇かんに戦いました。しかし、日本人は敗れ、山の中ににげこみました。

● 樺太探検の旅へ

　林蔵は、箱館にもどってきましたが、みじめな思いで

した。どうにかして、このうらみをはらしたいと思いました。それには、まず、北のロシアのようすをさぐるべきだと考え、箱館奉行（長官）に「自分をロシアにやってほしい」と、ねがいでました。しかし、日本は外国との交際を絶っているときです。林蔵のねがいがゆるされるはずはありません。

　ところが、樺太を幕府が直接に管理することに決まったので、その地形、とくにロシアやサンタン（沿海州、のちにロシア領になる）との国境はどこになるかを知る必要がおこりました。そのため、箱館奉行所では、樺太の調査を計画中でした。それには、測量のできる人が必要でした。林蔵が適任です。そこで奉行は、林蔵に樺太の調査を命じました。松田伝十郎も命じられ、ふたりで測量と調査をおこなうことになりました。

　林蔵は、樺太が、島か半島か、まだはっきりしていないことを知っていたので、それを調べることのできるよい機会だとよろこびました。

　1808年4月13日、ふたりは、樺太に向けて宗谷を出発しました。伝十郎が40歳で、林蔵は33歳、伝十郎のほうが身分が高く、林蔵はその下役です。樺太のシラヌシにつくと、伝十郎が西海岸、林蔵が東海岸と分かれて調査することになりました。伝十郎は上役ですから、

調査の目的をはたせる方をえらんだわけです。林蔵はがっかりしました。

 しかし、上役の命令にそむくことはできません。案内のアイヌ人とともに、小舟にのって、東海岸の探検をはじめました。林蔵は40日ほどかかって、ようやく北知床岬のシャークコタンにつきましたが、これからは陸地には道はありません。海上を行こうとしても、オホーツク海の波があらく、小舟では進めません。林蔵はひき返すことにしました。

 いっぽう、伝十郎は、シベリア大陸と樺太がもっとも接近している地点に近いラッカまで行きました。これか

ら先の海岸は、海草がかさなり合うようにしげっていてどろぶかく、とうてい歩くことができません。近くに住んでいる原住民にきくと、小舟で行けば６日ほどで東海岸に出られるということでした。伝十郎は、樺太が島であることがはっきりしたと思いました。

　ひき返した伝十郎は、舟でノテトまできたところで林蔵と会いました。林蔵は、東海岸から西海岸に出て、伝十郎のあとを追ってきたのです。ふたりは、おたがいの無事をよろこび合いました。しかし、伝十郎が実際に樺太の北の果てまで行ったのではないことをきくと、林蔵は残念がりました。

「私ひとりでも、ロシア、サンタンとの国ざかいを見てまいります」

　林蔵は、しぶる伝十郎にたのんで、再びラッカまでもどってもらい、自分ひとりで、それより先に進もうとしました。しかし、やはり進む道を見つけることはできませんでした。

　でも、林蔵はこれであきらめたわけではありません。

●海峡をわたって黒龍江へ

　宗谷に帰ってきて、報告書と地図を作って奉行所に提出すると、樺太の再調査をねがいでました。

　林蔵が宗谷を再び出発したのは、帰ってからひと月もたたない7月13日です。8月15日には、西海岸のリヨナイまできましたが、ここでは大勢のサンタン人が舟に乗って現われ、林蔵といっしょにきたアイヌ人をおどかし、物をうばったり乱暴したりしました。こうなると、アイヌ人たちは、おそれて先に進もうとしません。それでも、アイヌ人をなだめすかし、樺太のこおるような寒さのなかを進み、やっとのことで、最北端に近いナニオーに着いたのは、翌年の5月12日です。そして、海峡が北に通じていることを、林蔵は自分の目ではっきり確かめることができました。林蔵は、さらに去年行くことの

できなかった東海岸を調査したいと思いましたが、やはり海ははげしく荒れていて、小舟をこぎだすことはできませんでした。

ノテトまでもどってきて、ギリヤーク人の酋長コーニの家にとまっていた林蔵は、海峡をわたって、サンタンとロシアの国境も見ておきたいと考え、コーニに相談してみました。酋長は言いました。

「あの土地は、風俗習慣もちがい、あなたの顔もちがっているので、もしかすると殺されるかもしれない」

それでも林蔵は、サンタンにつれて行ってくれるようにたのみました。コーニは承知しました。林蔵は、万一のことを考え、報告書とこれまでの記録をひとりのアイヌ人にあずけ、自分が死んだらシラヌシの役所にとどけるよういいつけました。

こうして、林蔵はサンタンにわたり、樺太と接する地方を黒龍江にそって調査してきました。それは、苦労の連続の旅でした。目もあけていられないほどのブヨや蚊のとんでいるところや、冷たさが骨にしみるような川のなかを進んだのです。

それでも、デレンでは、中国人の役人たちに会い、いろいろなおもしろい風習も見てきました。林蔵は、この旅行を『東韃地方紀行』という本にまとめています。林

第2次探検ルート

蔵が宗谷に帰ってきたのは、出発してから15か月ぶりのことでした。凍傷のため、両手の指はくさって折れまがっていました。

● 林蔵の功績を世界に知らせたシーボルト

それから19年の歳月がたった1828年（文政11年）に「シーボルト事件」が起こりました。これは長崎のオランダ商館の医師であり、学者であるシーボルトに、幕府の天文方（天文学や測量をする役所）の責任者である高橋景保が、間宮林蔵の作った「蝦夷全図」や伊能忠敬の「日本地図」をひそかにわたした事件です。幕府は、

日本の地図が外国人の手に入ることをおそれ、きびしく取りしまっていました。景保はとらえられて牢に入れられましたが、幕府の命令で自分が作っている「世界地図」に、シーボルトの持っている地図や本がぜひ必要だったので、それと交換したのだと弁解しました。しかし、幕府のおきてをやぶった罪は許されません。景保は牢のなかで死に、これに関係したおおくの人たちが重い罰をうけました。これが「シーボルト事件」です。

　ところが、この事件を密告したのは、間宮林蔵だといううわさがたちました。あるとき、林蔵のもとに、景保の手をへて、シーボルトが送ってきた小包みがとどいたのです。林蔵はすぐにはあけず、それを上役のところへ持って行きました。外国人とのあいだで、物を受けとったり贈ったりするときは、幕府の許可が必要だったからです。小包みのなかには、布地１反と、林蔵の功績をたたえるシーボルトの手紙が入っていました。しかし、このことから、幕府は、シーボルトと景保に疑いの目を向けるようになったのです。

　また、このころ、林蔵は、幕府の隠密（スパイ）をつとめるようになっていました。日本の近海に、外国船がしばしば現われるようになったのを憂えた林蔵は、自分からねがって隠密になり、日本各地の海岸をまわって、

そのようすを調べていました。こうした役目から、林蔵は景保のことを密告したと誤解されたようです。
　シーボルトは外国人ですから、とりしらべのあと長崎から追放になっただけです。シーボルトは帰国してから、日本の地理、風俗、動植物を紹介する『ニッポン』という本を書きました。そして、このなかで、間宮林蔵の功績についても記し、ヨーロッパの人びとに知らせたのです。ロシアの航海家クルーゼンシュテルンは、これを読んで、思わずさけびました。
「われ日本人に敗れたり」
　林蔵は、1844年2月26日、江戸本所で亡くなりました。

二宮尊徳
にのみやそんとく

(1787—1856)

天地には小を重ねて大にする力があると信じ、貧しい農村を次つぎと立て直した努力の人。

●二宮家の復興を心に

　たたきつけるような、はげしい雨と風。今にも吹きとばされるかと思われるように、ゆさぶられる樹木。ぶきみにきしむ家の音。すさまじい台風です。半鐘が打ち鳴らされ、近くの酒匂川の水がおそろしい勢いで増えているのを知らせています。金次郎と弟の友吉は息をつめて、その音をきいていました。父と母は、この雨と風のなかで、土手を守ろうと必死になっているにちがいありません。遠くで「堤防が切れたぞお」というさけびがあがりました。川の水をささえきれなくなった土手はついにやぶれて、さかまく濁流は村のなかへ……。

　一夜明けた村は、それは、むざんな光景でした。きのうまで、青あおと稲ののびていた見わたすかぎりの水田は泥水をかぶり、水が押し流してきた石がごろごろして

います。村の人びといっしょに、父も金次郎もそのありさまを声もなく見つめているばかりでした。金次郎が4歳の夏のことです。

　二宮金次郎(尊徳と名のったのは、47歳のころからです)は、今の小田原市のちかくの足柄上郡栢山村で、1787年に生まれました。祖父の銀右衛門は人一倍のがんばりやで広い土地をもった地主でした。しかし、金次郎の父利右衛門は「栢山のお人よし」とよばれるほどの善人でした。困っている人や口のうまい人にたのまれると、ことわりきれずにお金を貸してしまいます。こうして祖父の作った財産もだんだん減って、金次郎の生まれた

ころには、ぜいたくな暮らしができなくなっていました。
　そこへ、この大水害です。金次郎の一家は、あすの食べものにも困るようになってしまいました。利右衛門は心をとり直してはたらきましたが、1度荒れはててしまった田畑をもとどおりにすることは容易なことではありません。そのうち、病気で寝こむようになり、金次郎が13歳のとき、とうとう亡くなってしまいました。
　父を失った一家は途方にくれましたが、悲しんでばかりもいられません。金次郎は父にかわって、田畑をたがやしはじめました。そして、朝早く起き、1里（約4000メートル）もはなれた山へ行ってたきぎやしばを刈り、これを小田原の町で売り、夜はおそくまでなわやわらじを作って、すこしでも生活のたしになるようにしました。
　かつての地主がおちぶれたことで、村人からばかにされることもありました。そういうときには「今に祖父の時代のように、二宮家をりっぱに復興してみせるぞ」と、金次郎は胸にはげしい闘志をもやしました。
「学問をしなければ、ただの農民で終わってしまう」と考えた金次郎は、本を読みはじめました。しかし、ゆっくり本を読んでいる時間などありません。そこで、歩きながら本を読みました。また、手仕事をするそばには、いつも本を開いておきました。

　金次郎が15歳のとき、母も亡くなり、金次郎は伯父の万兵衛の家に、友吉と末の弟の富次郎は母の実家へと引きとられ、3人の兄弟は別れわかれになりました。

●小から大を生みだす力

　万兵衛は金次郎をきびしくあつかい、下男のようにはたらかせました。金次郎は熱心にはたらきましたが、勉強もつづけたいと思いました。
「金次郎、おまえは夜おそくまで、あんどんをつけて本を読んでいるそうだな」
　ある日、金次郎は、伯父に呼びつけられました。

「農民に学問がいるか。本など読んでもなんにもならない。油がもったいないじゃないか。おまえなんぞ、おれが助けてやらなけりゃ、のたれ死にしているところだ」

伯父はたいへんな怒りようです。金次郎はあやまるよりほかありませんでした。

あんどんは、燈油をもやして明るくします。このころ燈油は、農民にはぜいたくなものでした。

それでも金次郎は本を読むことをあきらめきれません。

「そうだ。伯父さんの油を使うから、しかられるんだ。自分で油を作るのなら、いいだろう」

金次郎は荒れ地をたがやして、アブラナの種をまきました。アブラナから燈油がとれます。まいた種はそだって、春にたくさんの黄色い菜の花がさきました。金次郎は菜種を集めて油屋へもって行き、燈油にとりかえてもらいました。自分の力で手に入れた油です。金次郎は伯父に気がねなく、本を開くことができました。

しかし、伯父に、またどなりつけられました。

「なんど言ったらわかるんだ。ひとの油だろうと自分の油だろうと、農民に本など読む必要はないんだ」

金次郎は、伯父のこうした考え方にどうしてもなっとくできません。そこで、それからは、みんなが寝しずまったのをみはからって、あんどんに着ものをかけ、明かり

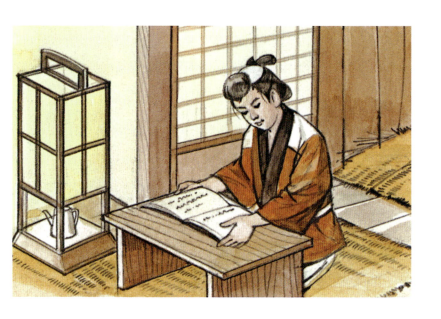

がもれないようにして本を読みつづけました。
　ある日、金次郎は道ばたに、植え残されて捨ててある稲の苗たばを見つけました。「このままにしておけば、枯れてしまうだけだ。もったいない」と考えた金次郎は、その苗を近くのうちすてておかれた荒れ地に水をひいて植えつけました。ときどき手入れをしてやると秋には豊かな穂を実らせ、その収穫は１俵あまりにもなりました。
「自然とはありがたいものだ。この天地には、すこしのものから、大きなものを生み出す力があるのだ」
　このことは、それからの金次郎をささえる信念となる大きな発見でした。

また、このとき、だれも手をつけない荒れはてたままの土地を開墾することを思いつきました。こうした、だれのものでもない土地には年貢（領主におさめる税金）がかかりません。開墾をしても、役人によって検地（田畑を測量して税金などを決めること）されるまでは、年貢を収めなくてよかったからです。

　新しい土地をひらくことを思いたった金次郎は、3年間はたらいた万兵衛の家を出て、独立することにしました。いよいよ二宮家を再興する決意をかためたのです。

　金次郎は、よその農家の仕事を手伝いながら、荒れ地の開墾にいどみました。そして、たくわえたお金や米を元手にして、自分の財産をふやしてゆき、人手にわたってしまった二宮家の田畑を、少しずつ買いもどしていきました。

　19歳のときには、生まれた家にもどって、自分の力でふたたび住めるようにしました。所有地が1町4反5畝（約1.45ヘクタール）もの、地主の仲間入りをしたのは、23歳のときでした。そして、さらに努力をつづけた金次郎は、32歳のときには足柄平野で1番の大地主になっていました。

　末の弟の富次郎は、8歳で死んでいましたが、友吉を呼びもどして、いっしょに暮らすようになりました。

●家老や藩主が知恵を借りに

　小田原藩に服部十郎兵衛という家老がいました。家老は殿さまを助けて藩の政治をみる重要な役目です。服部家は1300石という家柄でしたが、家の財政はかたむき、家老の体面を保つため、借金を重ねていました。このままでは、どうしようもない状態です。
　十郎兵衛は、成功した金次郎のうわさを聞きました。
「家を立て直すために、力を借りたいものだ」
　金次郎は、25歳のときから服部家で子どもの勉強相手をつとめていましたが、農民であることには変わりあ

りません。侍が1番えらいとされている身分制度のなかで、農民の知恵を借りるなど、これまでになかったことでした。それでも十郎兵衛は、金次郎にたのむことに決めました。金次郎は、初めはことわりましたが、くりかえしたのまれて、ひき受けることにしました。
「ただし、5年はかかると思ってください。それから、次の3つのことは守っていただきたいと思います」
　1．ぜいたくな食事はやめて、飯と汁だけにする。
　2．着物は、安くてじょうぶなもめんにする。
　3．むだな遊びやつきあいはいっさいやめる。
　次の日から、金次郎は服部家で、いろいろ細かいさしずをおこないました。
「女中さん、おなべの底をみせてごらん。すすでまっくろだな。これでは火のとおりが悪くて、たきぎがむだになる。よく洗ってから、火にかけなさい」
　こういった調子で、金次郎はすべてについて、むだがないか、眼をくばりました。
「なんだ、けちなだけじゃないか」
　かげ口をたたく使用人もいました。しかし、それはちがいます。たとえば、使用人が買いものに行き、安くじょうずな買いものをしてきたとき、金次郎はその使用人をほめ、あまったお金は気まえよくあげたのです。こうな

ると、使用人たちも、きそってむだをはぶき、お金を倹約して使うようになります。口やかましく節約を説いただけでは人がついてこないことを、金次郎は知っていました。

　5年後、服部家は1000両以上もあった借金をすっかり返し、なお300両のお金が残るまでになりました。主人の十郎兵衛はよろこんで、そのうちから100両を金次郎へのお礼としてさし出しました。しかし金次郎は「これまで、みなでよく協力してくれた」と、全部を使用人たちに分けあたえてしまいました。

　このことを聞いたのが、小田原藩主の大久保忠真です。

小田原藩の財政も苦しかったので、忠真は、金次郎を財政の再建にあたらせたいと考えました。しかし、家来たちは、金次郎の身分のちがいを理由に、大反対です。
　そこで忠真は、金次郎にまず下野国（栃木県）芳賀郡桜町の復興をたのみました。桜町は、小田原藩の分家である宇津家4000石の領地ですが、実際には2000石の収穫をあげるのがやっとという土地でした。ところが、4000石としての年貢を取り立てるので、農民は苦しみ、逃げ出したり、こじきになったりする者もあります。こうした状態につけ込んで、やくざやばくち打ちが村に入ってきます。桜町の3つの村は荒れはててゆき、まじめにはたらく気持ちをもつ人が少なくなっていました。
　藩主からのたのみでしたが、金次郎は辞退しました。それでも桜町の調査だけはおこない、率直に報告しました。
「現状では1000石、復興が成功しても2000石の収穫です。年貢はその限度にとどめるべきでしょう」
　忠真は、桜町の復興をはかるよう金次郎にさらにたのみました。ついに金次郎は桜町へ行く決心をしました。金次郎は「知行所勤番」という藩の役人に取り立てられました。それは農民としては、これまでにない出世といってよいものでした。しかし、金次郎は今度の仕事が、これまでにない困難なものであることを覚悟して、栢山村

の家を売りはらうと、妻子をつれて桜町に移りました。
　桜町では、貧しい農民には資金をあたえ、熱心にはたらくことと倹約をすすめ、功績をあげた者をみなの投票でえらんで表彰しました。また、用水や橋や道路を作り、荒れ地の開墾もおこない、よぶんなお金ができたら、困ったときや作物のできの悪い年のために積み立てておくという方法で、復興にのり出しました。しかし、ここでも金次郎をなやませたのは、やはり「農民のぶんざいで」という反対派の役人たちの妨害でした。
　金次郎はそうした反対をはねかえし、苦難をのりこえて約10年ののち、桜町の立て直しに成功しました。現

在の町名、二宮町は、金次郎の名にちなんでつけられたものです。

● **農民の生活向上をめざす**

このような金次郎の手腕は、全国から注目されました。その考え方を学んで、自分たちの村を再建したいという人がたくさん出てきました。金次郎が自分から出かけて行って指導したり、その教えをうけた人たちによって、立て直しをはかった村は少なくありません。関東地方を中心に、それらの村は600にものぼるといわれています。

金次郎の名は高まり、1842年、55歳のときには幕府の老中水野忠邦からも呼ばれ、水路や用水堀をつくる土木工事の計画をたてるようにいわれました。これは、途中で中止になりましたが、2年ごには、今度は幕府から、日光神領の荒地の再興計画を作るよう命じられました。日光神領は、家康をまつった有名な東照宮のある、幕府にとっては、もっとも大切な領地です。そのご金次郎は日光神領の村むらの立て直しに力をつくしながら、1856年、前の年に移り住んだ日光に近い今市で亡くなりました。69歳でした。

戦争まえには、たきぎを背おいながら本を読んでいる金次郎の銅像が、ほとんどの小学校に立っていました。

　終戦になり、アメリカ軍が進駐してくると「金次郎は、封建制度のなかで、役人の命令をきいて努力しただけの人物にすぎない。こういう考え方は、これからの民主主義にはふさわしくない」とされて、銅像を取りはらう学校もおおくありました。

　たしかに、金次郎には、農民の貧しさのほんとうの原因であった封建制度そのものの改革をさけんだことは、１度もありません。しかし、そうした時代のわくのなかで、せいいっぱい農民の生活向上をめざしたのです。この努力と功績にたいしては、正しい評価がなされなければならないでしょう。

林　子平 (1738—1793)

「海国日本を守るためには、海軍の力を強くしなければだめだ」
　林子平は、日本が鎖国で外国とのまじわりを閉じている時代に、勇気をだして、海の守りのたいせつさをとなえた人です。
　そのころ、世界の大きな国ぐには、発達した科学の力ですぐれた船や大砲を造って、中国や東南アジアの国へのりだし始めていました。また、旧ロシアも、シベリアを東へ進んで千島や蝦夷地（北海道）へ手をのばそうとしていました。
　江戸で生まれ、外国の情勢を耳にしながら成長した子平は、30歳をすぎるとまもなく、行動をおこしました。日本が危機にさらされようとしているときに、机に向かって学問をしているだけではいけない、と考えるようになったからです。
　子平は、1772年に蝦夷地へ渡って、この大きな島のようすを調べました。また、1775年から1782年にかけて、鎖国のもとでたったひとつだけ港を開いていた長崎へ何度も出かけて行き、オランダ人に外国の事情を聞きながら、海防問題を学びました。
「やはり、早く、幕府の役人たちの目をさまさせなければ、きっと、たいへんなことになる」
　このように信じた子平は、47歳から53歳までのあいだに2つの本を著わして、海防の必要を役人たちに訴えました。朝鮮、琉球（沖縄）、蝦夷などの地図を示し、さらに蝦夷地がロシアにねらわれていることを注意した『三国通覧図説』と、大きな船を建造し、大砲をそなえて、外国の侵略から日本を守らなければならないことを説いた『海国兵談』です。
　とくに、全部で16巻という『海国兵談』では、海軍の充実

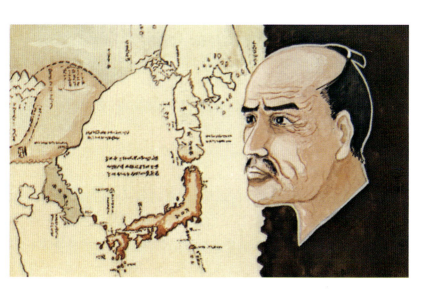

を叫ぶだけではなく、「江戸日本橋を流れる川の水は、中国やオランダまで境なくつづいているのだ」と訴えて、鎖国の世に眠りこけている幕府を、きびしくひはんしました。

　ところが、『海国兵談』を出版した、その年の暮れ、子平は幕府に処罰され、本を印刷した板木をとりあげられたうえに、仙台の兄の家から外にでてはならぬ、と命じられてしまいました。外国が日本をおそってくるなどと言って、日本をさわがした罰だというのです。

　「親もなし妻なし子なし板木なし、金もなけれど死にたくもなし」。子平はこんな歌をよんで、やがて、55歳でさみしく亡くなりました。死のまえの年に、ほんとうにロシアの使節が根室に現われ『海国兵談』はしだいにみとめられるようになりましたが、罪がゆるされて初めて子平の墓が建てられたのは、死ご50年もたってからのことでした。

喜多川歌麿 (1753—1806)

 江戸時代に日本画のひとつとして興った浮世絵は、江戸時代のなかばをすぎたころから、あざやかな色を使った版画によって印刷した、錦絵とよばれるものがよろこばれるようになってきました。喜多川歌麿は、その錦絵に美人をえがいて名をとどろかせた浮世絵師です。

 歌麿は、江戸幕府ができてちょうど150年めの1753年に生まれました。生まれたところは、武州（埼玉県）とも江戸ともいわれています。幼いころのことは不明ですが、少年時代は虫とあそぶことと絵をかくことが、たいへんすきだったということです。そして、おそらく少年時代の終わりころから、狩野派の日本画家鳥山石燕の弟子になって、絵の勉強を始めたのだろうとみられています。

 自分のこころざしをつらぬいて画家になった歌麿は、初めは、本の表紙絵や、物語のなかのさし絵をおおくかきましたが、30歳のころからは、美人画をえがくようになりました。

 やがて、それまでの美人画にはみられなかった大たんな絵を発表して、江戸じゅうの人びとの目を見はらせました。それは「美人大首絵」とよばれた絵です。ほかの絵師がかいた美人画は、生活のなかの女性のすがた全体をえがいたものがほとんどでしたが、歌麿は、顔や上半身だけを大きくえがきました。からだの美しい形よりも、からだのなかからにじみでている女性のほんとうの美しさや、顔に表われている心を、表現しようとしたのです。

 人まねがきらいだったという歌麿は、自分だけにしかえがけ

ない理想の美人画を、完成させようとしたのだといわれています。歌麿によって、美人画に生きた血がかよわされた浮世絵は、すぐれた芸術へ高められました。

　ところが、51歳になったときのことです。太閤豊臣秀吉が京都の東山へでかけてあそんだときのようすを、錦絵にえがいたことが、幕府にとがめられて3日のあいだ牢につながれ、50日のあいだ手にくさりをはめられてしまいました。そして、そののちは浮世絵がすっかりかけなくなったまま、2年ごに、53歳の生涯をさみしく終えてしまいました。

　歌麿と同じころ活やくした浮世絵師に、東洲斎写楽という人がいました。この写楽も、大首絵をえがいて有名になった画家です。でも、美人画ではなく、おおくは、歌舞伎役者の顔をえがいたものでした。歌麿の大首絵と写楽の大首絵は、人物画のけっ作として、オランダのゴッホらにも愛されました。

松平定信 (1758—1829)

　1787年から、1793年にわたって、「寛政の改革」とよばれる江戸幕府たてなおしの、すぐれた政治がおこなわれました。松平定信は、この改革を進めた政治家です。
　定信は、幕府第8代将軍徳川吉宗の3男田安宗武の子として生まれました。
　幼いころから学問をこのんだ定信は、陸奥白河（福島県）藩主の松平家へ養子に迎えられ、25歳で11万石の藩主になりました。
　定信が、まず初めに、すぐれた政治家の力をみせたのは、このときです。ちょうどこのころ、全国に大ききん（天明の飢饉）が起こり、白河藩でも数えきれない人びとが飢えと伝染病で死んでいきましたが、藩主定信は、食糧を集め、倹約をしょう励し、農業の改革につとめて、みごとに危機をのり越えました。
　1787年、定信は、まだ29歳の若さで幕府最高職の老中の座につきました。それまで老中をつとめていた田沼意次の一族が政治の失敗で幕府を追われると、白河藩での政治と、教養ある人格がみとめられて、意次のあとの老中に迎えられたのです。
　定信は、その年にわずか14歳で第11代将軍の位についたばかりの徳川家斉を助けながら、幕府のたてなおしにのりだし、まず、政治にたずさわる人びとをすっかり入れかえました。
　つぎに、苦しくなっていた幕府の財政を豊かにしていくために、白河藩での政治と同じように農業の発展に心をくばりながら、やはり徹底した倹約をしょう励し、物価があがるのを防いで人びとの生活が安定するように力をつくしました。大ききんのあとで、人びとの心に不安が残っていたからです。

　また、農業をすてて江戸へでてきた人たちには、もういちど農業へもどることをすすめ、それでも江戸の町に失業者がふえると人足寄場をもうけて宿のない人びとを集め、手に技術を教えてやるようにしました。いっぽう、武士たちの心も正させるために、各地に学問所を建てて学問や武術も盛んにしました。
　ところが、生活がきゅうくつすぎると訴える武士や、物が売れないで困るという商人たちが現れ始めたと思うと、1793年、定信は、とつぜん老中をやめさせられてしまいました。自分の権力が強くなっておおくの敵をつくることをおそれていた定信は、このとき、心よく老中職をひいたということです。
　そのご定信は、ふたたび藩の正しい政治を進めたのち、年老いてからは自伝や随筆を書くかたわら、日本画も楽しみ、70歳で亡くなりました。老中として活やくしたのは、わずか6年でしたが、寛政の改革は長くたたえられました。

十返舎一九（1765―1831）

　江戸の遊び場にやってくる町民たちのすがたを、しゃれた会話を中心にしてえがいた「洒落本」。社会ふうしをもりこんだ物語に黄色の表紙をつけた「黄表紙」。町民たちのふだんの生活や遊びを、たくみな笑いをおりまぜて小説にした「滑稽本」。
　18世紀の終わりごろからのちの江戸時代に、町人社会の発展にともなって、このような文学がたいへん流行しました。
　十返舎一九は、その代表的な戯作者です。弥次郎兵衛と喜多八のふたりが、つまらないことで大失敗をくり返しながらつづける旅を、さまざまな土地のおもしろい風習やことばをおりこんでつづった『東海道中膝栗毛』の作者、と言ったほうが早いのかもしれません。
　一九は、幼名の市九からとって名のるようになった号です。駿河国（静岡県）で生まれた一九は、20歳をすぎるころまでは武家に奉公しましたが、やがて、職をすてて浪人となり、24歳のときに大坂（大阪）で浄瑠璃を書く仲間に加わって、戯作者への道を歩み始めました。
　29歳で、江戸へでて、書店へ住みこみました。でも、初めの1年あまりは雑用係でした。ところが、文だけではなく絵も自分でかいて黄表紙『心学時計草』を出版すると、たちまち名が知られるようになりました。そして、結婚して自分の家をもってからは、黄表紙のほか洒落本もぞくぞくと世におくりだしました。まず、人びとをおどろかせたのは、その筆の早さでした。
　そのうえ、遊び場に集まる人たちの欲望、人情、恋、あわれさなどをえがいた洒落本の文章は、まるで、遊び場のようすが

目に見えるようにおもしろく、江戸じゅうの町人たちの心をひきつけました。しかし、世の中のことをおもしろくえがくことはできても、自分の家庭は、うまくいかなかったようです。
　『東海道中膝栗毛』を発表し始めたのは、37歳のときからです。初めは、弥次さん喜多さんの、江戸から京都、大坂までの旅でやめるつもりでした。ところが、あまりの人気に、金毘羅詣、安芸宮島詣から木曾街道、善光寺、草津温泉を通って江戸へもどるまでの『続膝栗毛』を書きつづけ、書き終わったときは、57歳になっていました。21年間も膝栗毛にとりくんだのです。
　滑稽本の形を完成させた一九は、社会をふうしした狂歌も作り、歴史や伝説から話をとった読本も書き、66歳で亡くなりました。読みものでは人びとに笑いをふりまきましたが、一九自身は、まじめで、むしろ気むずかしいほどの人だったと伝えられています。原稿料だけで生計をたてた、日本最初の人でした。

佐藤信淵 (1769—1850)

「さまざまな学問をおさめ、暗い封建制度のなかで、すでに明治維新ごの新しい日本のすがたを予想していた知識人」

　江戸時代が終わる99年まえに、出羽国(秋田県)で生まれた佐藤信淵は、このような評価で歴史に名を残している学者です。

　佐藤家には、なん代もまえから、農業、産業、地理、博物学、医学などについての、とくべつの学問が伝わっていました。信淵が、この学問を受けついだのは、とうぜんです。

　少年時代の信淵は知識欲がたいへん強く、15歳で父を失うと、家に伝わる学問を、自分の力でまとめようと決心しました。そして、江戸へでて蘭学、動物学、植物学、天文学をはじめ、測量の技術や外国の歴史なども学び、さらに20歳になったころからは九州、四国、山陰をまわって、それまで学んできたことを自分の目でたしかめながら、さらに知識を深めました。

　江戸へもどった信淵は、医者として生活をたてるかたわら、国学者の平田篤胤から、日本のむかしからの文化を重んじる学問を学び、自分の考えを理想的な国家の建設という方向でまとめていきました。

　信淵が頭にえがいた政治のすがたは、江戸幕府のように大老、老中、若年寄、目付、奉行などの人が中心になって組織されたものではなく、もっと近代的なものでした。

　たとえば、政府には、農事府、開物府、製造府、融通府、陸軍府、水軍府および大学校をもうけ、地方にも、政治や教育をつかさどる役所をおいて、りっぱな統一国家として国をおさめていくことを考えました。これは、幕府の下に、たくさんの藩

がばらばらに独立していた江戸時代のすがたにくらべると、たいへん進んだものでした。

　信淵は、とくに、農業を中心にして国の繁栄をはかっていくことのたいせつさを、強く訴えましたが、これも、日本の国のすがたに、よくあったものでした。

　しかし、このようなことを、幕府や藩にまねかれて説いても、ほとんど、受け入れられませんでした。封建時代の武士たちにとっては信淵の考えが新しすぎたうえに、すぐ実行できないことがおおかったからです。けっきょく、信淵は、数千巻の著作を残しただけで、81歳で亡くなりました。

「佐藤家には、ほんとうに、なん代も伝わった学問があったのだろうか。信淵には大きなことを口にするくせがあったのだ」

　こんな批判もあります。でも、新しい時代を見通したすぐれた学者であったことは、まちがいありません。

頼　山陽（1780—1832）

　頼山陽は、第11代将軍徳川家斉が江戸幕府をおさめていたころの学者です。歴史家、詩人としても、高名を残しています。
　山陽は、大坂（大阪）で生まれ、安芸国（広島県）で少年時代をすごしました。父も祖父も伯父も学問をこのみ、母も、文芸にしたしむ人でした。このめぐまれた環境に育った山陽は、幼いころから自然に学問に魅せられていきました。15歳をすぎたころには、すでに、平氏、源氏から徳川氏までの武家の流れをたどる『日本外史』を著わす考えを、まとめていたといわれます。
　17歳のとき江戸へでて、幕府が建てた学問所の、昌平黌へ入りました。でも、わずか1年で安芸の両親のもとへ帰ってくると、およそ2年ごには家のあとをつぐ権利をうばわれて、家に閉じこめられてしまいました。京都や大坂へ行って気ままに暮らし、家がつかえてきた広島藩をかってにしりぞいて、脱藩の罪をおかしてしまったからです。
　家の門を自由にでることをゆるされたのは、25歳のころだったと伝えられています。でも長いあいだ家に足をとめられたことは、学者としての山陽には、かえってよかったのかもしれません。そのあいだに『日本外史』の筆を起こして、26歳のころには全部で22巻の下書きを終えてしまいました。
　そののち山陽は、父のせわで塾の先生をつとめましたが、数年ごには、そのまま田舎にうずもれてしまうのをきらって都へのぼり、京都へ住みつきました。そして、自分の塾を開き、ひまをみつけては各地へ旅をしました。親孝行の心が深かった山陽は、父と母のいる安芸へも、なんども帰り、さらに遠い九州

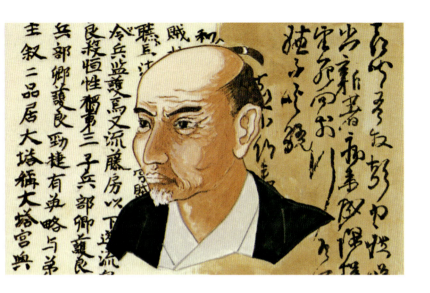

へも足をのばして、旅のとちゅうで『天草洋に泊す』などの名詩をたくさん作りました。

　山陽の名が、ほんとうに広まったのは、40歳をすぎてからでした。46歳のときに、20数年かけて完成させた『日本外史』を江戸幕府の松平定信に献上すると、国じゅうの学者との交わりがふえて名があがり、広く尊敬されるようになったのです。とくに、正義をつらぬいた大塩平八郎とは深くまじわり、平八郎が著わす本に文をそえる約束もしました。でもこれは、自分の死で果たせませんでした。

　山陽は、そのご、さらに歴史上のできごとを年代順にまとめる『日本政記』を書きすすめながら、いっぽうでは、書、絵、茶などを愛する心豊かな生活を送り、学問に生きた生涯を52歳で終えました。1858年に起こった安政の大獄で、吉田松陰とともに首をはねられた頼三樹三郎は、山陽の3男です。

大塩平八郎 (1793—1837)

　江戸時代も終わりに近い1833年から1839年にかけて「天保のききん」とよばれる大ききんがつづき、日本じゅうで数えきれないほどの人が死んでいきました。このとき、貧しい人びとを助けるために命をかけて戦ったのが、大塩平八郎です。
　平八郎は、大坂（大阪）で生まれました。父は、町奉行につかえて町の犯罪をとりしまる与力でした。
　25歳のころ、平八郎も与力になりました。与力は、あまり身分の高い役人ではありません。でも、平八郎は、社会の悪を正していく与力の仕事に、誇りをもっていました。武芸といっしょに学問を深く学び、とくに「正しい心のはたらきを、どこまでもつらぬきとおせ」と説く陽明学（儒学のひとつ）の教えを、心から信じていたからです。
　平八郎は、むずかしい事件を次つぎに解決して、名与力とたたえられるようになりました。ところが、信頼していた奉行が町奉行所をしりぞくと、自分も、職を子どもにゆずって、与力をやめてしまいました。まだ37歳の若さでした。
　学問の道を歩み始めた平八郎は、塾を開いて人びとに陽明学を教え、自分も勉強をつづけました。そして、わずか4、5年のあいだに、陽明学をのちの世に伝えるための本を、何さつも著わしました。また自分では「心を大きくもって、うそいつわりなく生きていく」ことを守りながら、いっぽうでは幕府の政治にも目を向け、ゆがんでいる政治には、きびしい批判をつづけました。
　天保のききんが起こりはじめたのは、平八郎が、学者の道へ

入って、3年めくらいからでした。
　平八郎は、飢え死にしていく人びとを救うように、町奉行所へ、なん度もたのみました。でも、奉行所は、なにも聞き入れようとはせず、こっそり集めた米を幕府へおさめるのに、いっしょうけんめいになるばかりでした。くわえて商人たちは、米を買い占め、ねだんをつりあげるいっぽうでした。
「幕府が悪い。商人が悪い。よし、こうなれば米倉をおそえ」
　1837年2月、平八郎は、自分の本を全部売ってお金にかえ、そのお金を苦しんでいる人びとに、すべて分けあたえると、農民たちといっしょに、ついに、反乱ののろしをあげました。しかし、大坂の町を焼いただけで反乱は失敗に終わり、平八郎は、自害してしまいました。44歳でした。この反乱を「大塩平八郎の乱」といいます。反乱は成功しませんでしたが、悪政をばくろして幕府の政治に、大きなえいきょうをあたえました。

「読書の手びき」

小林一茶

日本古来からの文芸のひとつに、短歌の上と下の句を交互によみつらねる連歌と呼ばれるものがあります。俳句は、この連歌の発句を独立させて興り、松尾芭蕉、与謝蕪村らをへて一茶へ受けつがれてきたものです。一茶は、同じ俳人でも生活詩人と評されています。継母、異母兄弟との葛藤、4人の子どものつぎつぎの死、さらに妻の死などが続き、いやでも自分の生活を見つめざるを得なかったのでしょう。子どもの情景をうたったものが多いのも、わが子の死の悲しみを胸にいだいていたからです。一茶は、俳句をよむことをとおして、自分の苦しみとたたかったのではないでしょうか。童謡のような句のなかにも、はっとさせられるような人生観があります。それが芸術です。だから一茶の句は、いちど口にして、さらに時間をおいて、もういちど口にしてみると、ほんとうのものが伝わってきます。技巧的な歌ではなく、心の歌だからです。

間宮林蔵

樺太が日本人に知られたのは、16世紀以降だと伝えられています。初めは松前藩の領地でしたが、のちに江戸幕府の直轄領となりました。そして、1867年に日露共有、1875年には千島との交換で日本は放棄、日露戦争後は北緯50度以南は日本領という歴史をへて、第2次世界大戦後はソ連領となり、いまはサハリンと呼ばれています。間宮林蔵が樺太を探検したのは、幕府直轄領の時代です。ロシアの侵入から日本の北辺を守ろうとする幕府の命を受けて、林蔵は、この未開の地をさぐったうえに海を越えて中国大陸へ渡り、樺太が島であることを証明しました。そして間宮海峡の名を、地球上に永遠に残しました。林蔵の探検は、決して自己の名誉のためのものではなく、与えられた自分の仕事に忠実に生きようとす